Amor

© Paulo Coelho y Forlagshuset Bazar AS, 2009
www.paulocoelho.com

Publicado de acuerdo con Sant Jordi Asociados Agencia Literaria, S. L.,
Barcelona (España)
www.santjordi-asociados.com

D. R. © 2009, Random House Mondadori, S. A. de C. V.
Av. Homero núm. 544, col. Chapultepec Morales,
Delegación Miguel Hidalgo, 11570, México, D. F.

www.rhmx.com.mx

ISBN: 978-030-739-301-2

Distributed by Random House, Inc.

Selección de textos: Marcia Botelho
© de la traducción: Ana Belén Costas, Montserrat Mira, Alfonso Indecona,
Hinda Katia Schumer, M.ª Dolors Ventós
Ilustraciones: Catalina Estrada
Fotografías: Paul Macleod
Diseño: Lene Stangebye Geving
Impresión y encuadernación: TTB Eslovaquia, 2009

PAULO COELHO

Amor

SELECCIÓN DE CITAS

Grijalbo

Amor

El amor nunca impide a un hombre
seguir su leyenda personal.
Cuando esto sucede,
es porque no era el verdadero amor,
aquel que habla el lenguaje del mundo.

El Alquimista

Dádiva

El amor no es grande ni pequeño; es simplemente amor.
No se puede medir un sentimiento como se mide una carretera.
Si lo haces, empezarás a comparar con lo que te dicen,
o con lo que esperas encontrar.
De esa manera, estarás siempre escuchando una historia
en vez de recorrer tu propio camino.

Columna periodística
Anotaciones en los aeropuertos

Corriendo el riesgo del fracaso, de las decepciones,
de las desilusiones, pero nunca dejando de buscar el amor.
Quien no desista de la búsqueda, vencerá.

Brida

El amor es la fuerza que transforma
y mejora el alma del mundo.

El Alquimista

Todos sabemos amar, pues hemos nacido con ese don.
Algunas personas lo practican naturalmente bien,
pero la mayoría tiene que reaprender,
recordar cómo se ama, y todos, sin excepción,
tenemos que quemarnos en la hoguera
de nuestras emociones pasadas,
revivir algunas alegrías y dolores,
malos momentos y recuperación,
hasta conseguir ver el hilo conductor
que hay detrás de cada nuevo encuentro;
sí, hay un hilo.

Once minutos

El amor es lo único que activa la inteligencia y la creatividad,
algo que nos purifica y nos libera.

El Zahir

La esencia de la Creación es una sola.
Y esta esencia se llama amor.
El amor es la fuerza que nos reúne otra vez,
para condensar la experiencia esparcida en muchas vidas,
en muchos lugares del mundo.

Brida

El amor es una fuerza que está en
la Tierra para darnos alegría,
para acercarnos a Dios y a nuestro prójimo.

El Zahir

El que es sabio, sólo es sabio porque ama.
El que es loco,
sólo es loco porque piensa que puede entender el amor.

A orillas del río Piedra me senté y lloré

El amor era la llave para la comprensión
de todos los misterios.

Brida

Una experiencia espiritual es sobre todo una experiencia
práctica de amor. Y en el amor no existen reglas.
Podemos intentar guiarnos por un manual, controlar el
corazón, tener una estrategia de comportamiento...
Pero todo eso es una tontería.
Quien decide es el corazón, y lo que él decide es lo que vale.

A orillas del río Piedra me senté y lloré

Si una persona es capaz de amar a su compañero
sin restricciones, sin condiciones,
está manifestando el amor de Dios.
Si manifiesta el amor de Dios, amará a su prójimo.

El Zahir

El amor era el único puente entre lo invisible
y lo visible que todas las personas conocían.
Era el único lenguaje eficiente para traducir las lecciones que
el Universo enseñaba todos los días a los seres humanos.

Brida

El amor lo llena todo.
No puede ser deseado, porque es un fin en sí mismo.
No puede engañar,
porque no está relacionado con la posesión.
No puede estar encarcelado,
porque es como un río, y se desbordará.

La bruja de Portobello

Hay momentos en los que Dios exige obediencia.
Pero hay momentos en los que desea probar nuestra
voluntad y nos desafía a entender Su amor.

La Quinta Montaña

El amor también es algo misterioso:
cuanto más lo compartimos, más se multiplica.

Columna periodística
Respecto al trabajo

El amor estaba por encima de todo,
y el amor no tenía odios, tan sólo equívocos.

Brida

Toda la vida del hombre sobre la faz de la Tierra
se resume en esto: buscar su Otra Parte.
No importa si finge correr detrás de la sabiduría,
del dinero o del poder.
Cualquier cosa que él consiga va a estar incompleta si,
al mismo tiempo, no consiguió encontrar a su Otra Parte.

Brida

El amor es un acto de fe en otra persona
y su rostro debe continuar envuelto en misterio.
Debe ser vivido y disfrutado en cada momento,
pero siempre que intentemos entenderlo,
la magia desaparece.

Columna periodística
Respecto al misterio

¿Cómo entra luz en una casa?
Si las ventanas están abiertas.
¿Cómo entra luz en una persona?
Si la puerta del amor está abierta.

Once minutos

En el amor no hay bien ni mal,
no hay construcción ni destrucción, hay movimientos.
Y el amor cambia las leyes de la naturaleza.

El Zahir

Dios ya estaba presente en las cavernas
y en los truenos de nuestros antepasados;
pero durante todo este tiempo Él no dejó de fluir en el
corazón del hombre en la forma del amor.

El Peregrino de Compostela (Diario de un mago)

Cuando se ama es cuando se consigue
ser algo de la Creación.
Cuando se ama no tenemos ninguna
necesidad de entender lo que sucede,
porque todo pasa a suceder dentro de nosotros,
y los hombres pueden transformarse en viento.
Siempre que los vientos ayuden.

El Alquimista

Todos los amantes, de cualquier sexo,
son conscientes de que el amor,
además de ser una bendición,
también es algo extremadamente peligroso,
imprevisible, capaz de acarrear serios daños.
En consecuencia el que se propone amar debe saber
que está exponiendo su cuerpo
y su alma a varios tipos de heridas,
y no podrá culpar a su pareja en ningún momento,
ya que el riesgo es el mismo para ambos.

Columna periodística
Convención de los heridos por amor

En el amor está la semilla de nuestro crecimiento.
Cuando más amamos,
más cerca estamos de la experiencia espiritual.

A orillas del río Piedra me senté y lloré

Existen los que plantan.
Éstos a veces sufren con las tempestades,
las estaciones, y raramente descansan.
Pero, al contrario que un edificio,
el jardín jamás para de crecer.
Y, al mismo tiempo que exige la atención del jardinero,
también permite que, para él, la vida sea una gran aventura.

Brida

¿Por qué hemos de escuchar al corazón?
Porque donde él esté es donde estará tu tesoro.

El Alquimista

Ningún día es igual a otro,
cada mañana tiene su milagro especial, su momento mágico,
en el que se destruyen viejos universos
y se crean nuevas estrellas.

A orillas del río Piedra me senté y lloré

El guerrero de la luz se zambulle sin vacilar
en el río de las pasiones que siempre corre por su vida.

Manual del guerrero de la luz

Cada hombre tiene un tesoro que lo está esperando.

El Alquimista

En el momento en que salimos en busca del amor,
el amor también sale a nuestro encuentro.
Y nos salva.

A orillas del río Piedra me senté y lloré

Transformación

A pesar de todas las injusticias,
a pesar de cosas que no merecemos que nos pasen,
a pesar de sentirnos incapaces de cambiar
lo que está mal de la gente y del mundo,
el amor aún es más fuerte y nos ayudará a crecer.
Sólo entonces seremos capaces de entender las estrellas,
los ángeles y los milagros.

Las Valkirias

Dios no es venganza, Dios es amor.
El único castigo que impone consiste en obligar a todo
aquel que interrumpe una obra de amor, a continuarla.

El Peregrino de Compostela (Diario de un mago)

Eso es el amor.
Es lo que hace que la caza se transforme en halcón,
el halcón en hombre y el hombre de nuevo en desierto.
Es esto lo que hace que el plomo se transforme en oro,
y que el oro vuelva a esconderse bajo la tierra.

El Alquimista

Estoy sufriendo por amor.
Eso puede ser simplemente una bajada al infierno,
pero puede ser una revelación.

El Zahir

No existe nada además del amor.
Es él el que hace que el mundo gire
y que las estrellas floten en el cielo.

*Columna periodística
Anotaciones en los aeropuertos*

La energía del odio no te va a llevar a ningún sitio;
pero la energía del perdón,
que se manifiesta a través del amor,
conseguirá transformar positivamente tu vida.

El Zahir

El amor puede transformar a una persona.
Gracias a ti, descubrí quién era.

El vencedor está solo

La historia cambiará cuando podamos usar
la energía del amor, igual que usamos la energía del viento,
de los mares, del átomo.

El Zahir

Los encuentros suceden cuando llegamos a un límite,
cuando necesitamos morir y renacer emocionalmente.
Los encuentros nos esperan.

Once minutos

Era preciso rehacer siempre el camino de Santiago, dejar el
equipaje innecesario, quedarse sólo
con lo que es imprescindible para vivir cada día.
Dejar que la energía del amor circule libremente,
de fuera a dentro, de dentro a fuera.

El Zahir

El guerrero de la luz acepta sus pasiones,
y las disfruta intensamente.
Sabe que no es necesario
renunciar al entusiasmo de las conquistas;
forman parte de la vida,
y alegran a todos los que de ella participan.
Pero jamás pierde de vista las cosas duraderas,
ni los lazos creados con solidez a través del tiempo.
Un guerrero sabe distinguir lo que es pasajeiro,
y lo que es definitivo.

Manual del guerrero de la luz

El amor no es un hábito, un compromiso, ni una deuda.
El amor es. Sin definiciones.
Ama y no preguntes demasiado. Sólo ama.

La bruja de Portobello

El amor no hace muchas preguntas,
porque si comenzamos a pensar empezamos a tener miedo.
Es un miedo inexplicable.
Por eso no se pregunta: se actúa. Se corren los riesgos.

A orillas del río Piedra me senté y lloré

Era, a través del amor,
como todos procuraban entender el Universo
desde el comienzo de los tiempos.

Brida

El amor no es deseo, no es conocimiento, no es admiración.
Es un desafío, un fuego que arde sin que podamos verlo.

La bruja de Portobello

Es muy importante dejar que ciertas cosas se vayan.
Soltar. Desprenderse.
La gente tiene que entender que nadie está jugando con
cartas marcadas, a veces ganamos y a veces perdemos.
No esperes que te devuelvan algo,
no esperes que reconozcan tu esfuerzo,
que descubran tu genio, que entiendan tu amor.

El Zahir

Muchas son las emociones que mueven el corazón
humano cuando decide dedicarse al camino espiritual.
Puede ser un motivo noble,
como fe, amor al prójimo o caridad.

Columna periodística
Diálogos con el maestro, el amor en los detalles

Tu amor me salva y me devuelve los sueños.

A orillas del río Piedra me senté y lloré

Yo te amo porque tuve un sueño, encontré un rey,
vendí cristales, crucé el desierto,
los clanes declararon la guerra y estuve en
un pozo para saber dónde vivía un alquimista.
Yo te amo porque todo el Universo
conspiró para que yo llegara hasta ti.

El Alquimista

Las cosas importantes siempre quedan;
lo que se va son las cosas que juzgábamos importantes,
pero que son inútiles,
como el falso poder de controlar la energía del amor.

El Zahir

El amor es la verdadera experiencia de la libertad,
y nadie puede poseer a otra persona.

Once minutos

El deber se transforma en una especie de devoción,
de amor ilimitado por la condición humana,
y nos ponemos a luchar
por aquello que queremos que suceda.

*Columna periodística
Respecto al trabajo*

Durante años había luchado contra mi corazón,
porque tenía miedo a la tristeza, al sufrimiento, al abandono.
Siempre había sabido que el verdadero amor
estaba por encima de todo eso,
y que era mejor morir que dejar de amar.

A orillas del río Piedra me senté y lloré

El amor es capaz de cambiar
totalmente la vida de una persona,
de un momento a otro.

Once minutos

Los heridos por el amor,
al revés que los heridos en conflictos armados,
no son víctimas ni verdugos.
Escogieron algo que forma parte de la vida,
y así deben afrontar la agonía y el éxtasis de su elección.
Y los que nunca han sido heridos por el amor,
nunca podrán decir: Viví. Porque no vivieron.

Columna periodística
Convención de los heridos por amor

Nunca dejes de tener dudas.
Cuando las dudas dejan de existir,
es porque paraste en tu caminata.

Brida

Un momento mágico es en el que un "sí" o un "no"
puede cambiar toda nuestra existencia.

A orillas del río Piedra me senté y lloré

Cuando encuentres una cosa importante en la vida,
no quiere decir que tengas
que renunciar a todas las otras.

Brida

Superación

El guerrero sabe que las batallas que libró
en el pasado siempre le enseñaron algo.
Sin embargo, muchas de estas enseñanzas hicieron
sufrir al guerrero más de lo necesario.
Más de una vez, perdió el tiempo, luchando por una mentira.
Y sufrió por personas que no estaban a la altura de su amor.

Manual del guerrero de la luz

Para que la verdadera energía del amor pueda atravesar
su alma, tiene que encontrarla como si acabara de nacer.
¿Por qué la gente es infeliz?
Porque quiere aprisionar esa energía, lo cual es imposible.

El Zahir

Hay mucha gente que se ha visto abandonada
por la persona amada y aun así fueron capaces de
transformar la amargura en felicidad.

El vencedor está solo

Cada ser humano vive su propio deseo;
forma parte de su tesoro,
y aunque sea una emoción que pueda apartar a alguien,
generalmente trae a quien es importante.
Es una emoción que mi alma escogió,
y tan intensa que puede contagiarlo todo
y a todos a mi alrededor.

Once minutos

Nuestra Señora, devuélveme la fe.
Que yo pueda ser también un instrumento de tu trabajo.
Dame la oportunidad de aprender a través de mi amor.
Porque el amor nunca apartó a nadie de sus sueños.

A orillas del río Piedra me senté y lloré

Necesito escribir sobre el amor.
Necesito pensar, pensar, escribir y escribir sobre el amor,
o mi alma no resistirá.

Once minutos

El mundo será verdadero cuando el hombre sepa amar;
hasta entonces, viviremos creyendo que conocemos el amor,
pero sin valor para afrontarlo tal y como es.

El Zahir

El verdadero amor puede resistir la distancia.

La bruja de Portobello

Un guerrero de la luz no tiene miedo de las decepciones
porque conoce el poder de su espada y la fuerza de su amor.

Manual del guerrero de la luz

Soy capaz de un amor que yo mismo desconocía,
y eso me deja en estado de gracia.

El Zahir

Durante toda mi vida he entendido el amor
como una especie de esclavitud consentida.
Es mentira: la libertad sólo existe cuando él está presente.
Aquel que se entrega totalmente, que se siente libre,
ama al máximo. Y el que ama al máximo se siente libre.

Once minutos

Tenga el cuidado de no intentar
comparar dos experiencias amorosas;
no se puede medir el amor igual
que medimos una carretera o la altura de un edificio.

La bruja de Portobello

El amor está lleno de trampas.
Cuando quiere manifestarse,
muestra apenas su luz y no nos permite
ver las sombras que esa luz provoca.

A orillas del río Piedra me senté y lloré

Si algún día ya sentiste el amor,
sabes cuánto cuesta sufrir por él.

Brida

El guerrero de la luz procura saber con qué puede contar.
Y siempre comprueba su equipo, compuesto de tres cosas:
fe, esperanza y amor.

Manual del guerrero de la luz

Estoy enamorada y tengo miedo de sufrir.
No tengas miedo; la única manera de evitar
ese sufrimiento sería negarse a amar.

El Zahir

Ningún sentimiento
—como el amor, por ejemplo—
envejece junto con el cuerpo.
Los sentimientos forman parte de un mundo
que yo no conozco,
pero es un mundo donde no existe tiempo,
ni espacio, ni fronteras.

Brida

El amor nunca ha dado felicidad.
Todo lo contrario, siempre es una angustia,
un campo de batalla, muchas noches en vela
preguntándonos si estamos haciendo lo correcto.
El verdadero amor está hecho de éxtasis y agonía.

La bruja de Portobello

¿Puede un hombre borrar del corazón
el dolor de una pérdida?
No. Pero puede alegrarse con una ganancia.

La Quinta Montaña

En todas las heridas definitivas del amor,
también llamadas "rupturas",
el único medicamento capaz de hacer
efecto se llama tiempo.
Hay que sufrir con intensidad,
evitando totalmente las drogas,
los calmantes, las oraciones a los santos.

Columna periodística
Convención de los heridos por amor

Tuve que perderla para entender que el sabor de las cosas
recuperadas es la miel más dulce que podemos probar.

El Zahir

Abrí la ventana y el corazón.
El sol inundó mi habitación y el amor inundó mi alma.

A orillas del río Piedra me senté y lloré

Podría pensar que la vida me ha robado lo más importante:
el amor. Pero el dolor del amor siempre pasa.

El vencedor está solo

¿Cree que sus amores pasados
le han enseñado a amar mejor?
Me enseñaron a saber qué es lo que quiero.
Para poder entregarme completamente a él,
tuve que olvidar las cicatrices
que otros hombres me habían dejado.

El Zahir

Todo guerrero de la luz ha hecho daño a alguien que amaba.
Por eso es un guerrero de la luz;
porque pasó por todo eso,
pero no perdió la esperanza de ser mejor de lo que era.

Manual del guerrero de la luz

No hay amor en paz.
El que vaya por ahí, está perdido.
No podrá recordar ni un solo momento en el
que el amor le haya traído paz.
Siempre va acompañado de agonías,
éxtasis, alegrías intensas y tristezas profundas.

Las Valkirias

El amor nos da la fuerza necesaria
para llevar a cabo tareas imposibles.

Mango E-shirts

Valor no significa ausencia de temor,
sino la capacidad de no dejarse paralizar por el miedo.

Columna periodística
Hagakure y los caminos del samurai

Tienes que estar entero en el lugar que escojas.
Un reino dividido no resiste las embestidas del adversario.

A orillas del río Piedra me senté y lloré

No es difícil reconstruir una vida.
Basta tener conciencia de que continuamos
con la misma fuerza que teníamos antes,
y usar esto en nuestro favor.

La Quinta Montaña

Siempre hay que saber cuándo una etapa llega a su fin.
Cerrando ciclos, cerrando puertas, terminando capítulos;
no importa el nombre que le demos,
lo que importa es dejar en el pasado
los momentos de la vida que ya se han acabado.

El Zahir

Hay que correr riesgos,
seguir ciertos caminos y abandonar otros.
Ninguna persona es capaz de escoger sin miedo.

Brida

Solidaridad

El deseo profundo,
el deseo más real es aquel de acercarse a alguien.
A partir de ahí, comienzan las reacciones,
el hombre y la mujer entran en juego,
pero lo que sucede antes,
la atracción que los unió, es imposible explicar.
Es el deseo intacto, en estado puro.

Once minutos

Todos formamos parte de la centella divina.
Todos tenemos un propósito en la creación llamado Amor.
Despierta, ábrete a ese amor.
Lo que ha pasado no debe volver.
Lo que llega debe ser reconocido.

El vencedor está solo

El amor es un camino complicado.
Porque en ese camino las cosas
nos llevan al cielo o nos tiran al infierno.

A orillas del río Piedra me senté y lloré

En este mundo nada tiene importancia, excepto amar.
Éste fue el amor que Jesús sintió por la humanidad
y fue tan grande que sacudió las estrellas
y cambió el curso de la historia del hombre.
Su vida solitaria consiguió hacer lo que reyes,
ejércitos e imperios no consiguieron.

El Peregrino de Compostela (Diario de un mago)

Quien ama esperando una recompensa
está perdiendo el tiempo.

El Demonio y la señorita Prym

Los celos eran normales,
aunque la vida ya le hubiese enseñado que
era inútil pensar que alguien puede poseer a otra persona;
el que cree que eso es posible se engaña a sí mismo.

Once minutos

El guerrero de la luz cuando está cansado o solo
no sueña con mujeres y hombres lejanos,
busca al que está a su lado
y comparte su dolor o su necesidad de cariño,
con placer y sin culpa.
El guerrero sabe que la estrella más distante del Universo
se manifiesta en las cosas que están a su alrededor.

Manual del guerrero de la luz

Todos tenemos un deber con el amor:
permitir que se manifieste de la manera que crea mejor.

La bruja de Portobello

El amor se pierde cuando empezamos
a establecer las reglas para que pueda manifestarse.

El Zahir

Las personas dan flores de regalo
porque en ellas está el verdadero sentido del amor.
Quien intente poseer una flor, verá marchitarse su belleza.
Pero quien se limite a mirar a una flor en un campo,
permanecerá para siempre con ella.

Brida

Nadie puede poseer lo más bello que existe en la Tierra:
una tarde con la lluvia golpeando las ventanas,
o la serenidad que un niño durmiendo derrama alrededor,
pero podemos conocer y amar.
A través de estos momentos,
Dios se muestra a los hombres.

Brida

Las personas enamoradas acaban contagiando
el ambiente en el que viven.

La bruja de Portobello

Somos los guerreros de la luz.
Con la fuerza de nuestro amor, de nuestra voluntad,
podemos cambiar nuestro destino
y el destino de mucha gente.

Las Valkirias

El verdadero amor no consiste
en intentar corregir a los demás,
sino en alegrarse al ver
que las cosas son mejores de lo que esperábamos.

Frases inéditas

Un guerrero de la luz está en el mundo para ayudar a sus
hermanos y no para condenar a su prójimo.

Manual del guerrero de la luz

La tradición de la hospitalidad
no puede morir en nuestras vidas.
Siempre que acogemos a alguien,
nos abrimos para la aventura y el misterio.

Maktub

El que se apasiona sin tener en cuenta
el bien común vivirá siempre en constante angustia:
por herir a su compañero, por enfadar a su nueva pasión,
por perder todo lo que ha construido.

La bruja de Portobello

Un guerrero de la luz comparte
con los demás lo que sabe del camino.
Al que ayuda, siempre lo ayudan,
y necesita enseñar lo que ha aprendido.

Manual del guerrero de la luz

A veces intentamos esclavizar todo aquello que amamos;
como si fuese la única forma
de mantener nuestro mundo equilibrado.

Columna periodística
En la soledad del corazón

Prefiero aceptar mi soledad:
si intento huir de ella en este momento,
jamás volveré a encontrar pareja.
Si la acepto, en vez de luchar contra ella,
tal vez las cosas cambien.
Me he dado cuenta de que la soledad es más
fuerte cuando intentamos enfrentarnos a ella,
pero se muestra débil cuando simplemente la ignoramos.

La bruja de Portobello

Un guerrero de la luz comparte su mundo
con las personas que ama.
Intenta animarlas a hacer lo
que les gustaría pero no tienen el valor de hacerlo.

Manual del guerrero de la luz

El perdón es una carretera de doble sentido:
siempre que perdonamos a alguien,
también nos estamos perdonando a nosotros mismos.

Columna periodística
Historias sobre el perdón

Para hacer frente al Buen Combate,
necesitamos ayuda.
Precisamos de amigos,
y cuando los amigos no están cerca,
tenemos que transformar
la soledad en nuestra principal arma.

El Peregrino de Compostela (Diario de un mago)

Todo lo que el mundo necesita son ejemplos de gente capaz
de vivir sus sueños y de luchar por sus ideas.

Las Valkirias

Cuando se ama, las cosas adquieren aún más sentido.

El Alquimista

El verdadero amor supone un acto de entrega total.

A orillas del río Piedra me senté y lloré

Afinidad

Quiero seguir hablando del amor.
Ése siempre ha sido el objetivo de todo
lo que he buscado en mi vida:
dejar que el amor se manifieste en mí sin barreras,
que rellene mis espacios en blanco,
que me haga bailar, sonreír, justificar mi vida,
proteger a mi hijo, entrar en contacto con los cielos,
con hombres y mujeres,
con todos aquellos que han sido puestos en mi camino.

La bruja de Portobello

Si conoces el amor,
conoces también el alma del mundo,
que está hecha de amor.

El Alquimista

En aquel momento me comporto
como una niña que acaba de comprender
que el mundo no está lleno de fantasmas
y de maldiciones,
como nos han enseñado los adultos;
está lleno de amor,
independientemente de cómo se manifieste.
Un amor que perdona los errores
y que redime tus pecados.

La bruja de Portobello

Cuanto más lejos, más cerca del corazón
están los sentimientos
que intentamos sofocar y olvidar.
Si estamos en el exilio,
queremos guardar cada pequeño
recuerdo de nuestras raíces,
si estamos lejos de la persona amada,
cada persona que pasa
por la calle nos hace recordarla.

Once minutos

La libertad de su amor era no pedir ni esperar nada.

Once minutos

Es necesario buscar el amor donde esté,
aunque eso signifique
horas, días, semanas de decepción y tristeza.

A orillas del río Piedra me senté y lloré

Ninguna pasión es inútil,
ningún amor es despreciado.
Es imposible que la energía del amor se pierda:
es más poderosa que cualquier otra cosa
y se manifiesta de muchas maneras.

La bruja de Portobello

Qué era aquella «reunión»,
y él respondía siempre lo mismo:
una manera de recuperar el amor.

El Zahir

No es necesario hablar del amor,
porque el amor tiene su propia voz
y habla por sí mismo.

A orillas del río Piedra me senté y lloré

Aprendió cosas que jamás había soñado
aprender a través del amor;
la espera, el miedo y la aceptación.

Brida

De alguna manera que no puedo entender,
la alegría es contagiosa,
igual que el entusiasmo y el amor.

La bruja de Portobello

Apartarse de la pasión, o entregarse ciegamente a ella,
¿cuál de las dos actitudes es la menos destructiva?
No sé.

Once minutos

Las dunas cambian con el viento,
pero el desierto sigue siendo el mismo.
Así sucederá con nuestro amor.

El Alquimista

Nadie confunde el brillo de los ojos de su Otra Parte.

Brida

La pasión era algo bueno, divertido,
y que podía enriquecer mucho la vida.
Pero era diferente al amor.
Y el amor vale cualquier precio,
no puede ser cambiado por nada.

Las Valkirias

Cuando conocemos a alguien y nos enamoramos,
tenemos la impresión
de que todo el Universo está de acuerdo.

Once minutos

Hay cosas en la vida que,
no importa del lado que las veamos,
continúan siendo siempre las mismas,
y valen para todo el mundo.
Como el amor.

Veronika decide morir

Tres palabras que los griegos usan para designar el amor:
Eros, Philos y Ágape.

Eros es la atracción saludable
y necesaria que un ser humano siente por otro.

Philos es el amor en forma de amistad.
Es lo que yo siento por ti y por los demás.
Cuando la llama de Eros ya no puede brillar,
es Philos el que mantiene a las parejas unidas.

Ágape es el amor total,
el amor que devora al que lo experimenta.
El que conoce y experimenta a Ágape,
se da cuenta de que nada
más en este mundo tiene importancia, sólo amar.
Éste fue el amor que Jesús sintió por la humanidad,
y fue tan grande que sacudió las estrellas
y cambió el curso de la historia del hombre.

Columna periodística
Las otras formas de amor: Philos y Ágape

Tengo miedo de la muerte,
pero no quiero perder la vida.
Tengo miedo del amor,
porque tiene que ver con cosas
que están más allá de nuestra comprensión;
su luz es inmensa,
pero su sombra me asusta.

Brida

Entonces, cuando todo haya sido contado
y recontado muchas veces,
cuando los lugares por los que he pasado,
los momentos que he vivido,
los pasos que he dado
por ella se conviertan en recuerdos lejanos,
sólo quedará, simplemente, el amor puro.

El Zahir

El verdadero amor permitía que cada
uno siguiera su propio camino,
sabiendo que esto jamás alejaba a las partes.

Brida

Búsqueda

Si aceptamos todo lo que está mal en nosotros,
y aún así creemos que merecemos una vida alegre y feliz,
estaremos abriendo una enorme ventana
para que el amor entre.
Porque el que es feliz sólo puede ver el mundo con amor,
esa fuerza que regenera todo lo que hay en el Universo.

Las Valkirias

Sólo es posible alcanzar un sueño cuando
se tiene la voluntad necesaria para ello.
No bastan el entusiasmo, la pasión, el deseo;
también son necesarias la fuerza y la concentración.

Columna periodística
Hagakure y el camino del samurái

Hoy necesito entender el dolor.
Está en nuestra vida cotidiana,
en el sufrimiento escondido,
en la renuncia que hacemos al amor.

Once minutos

Cuando el deseo todavía está en ese estado puro,
hombre y mujer se apasionan por la vida,
viven cada momento con veneración y, conscientemente,
esperan siempre el momento adecuado
para celebrar la siguiente bendición.

Once minutos

El amor habló conmigo: «Yo soy el todo y la nada.
Soy como el viento,
y no soy capaz de entrar donde las ventanas
y las puertas están cerradas».

El Zahir

El amor es siempre nuevo.
No importa que amemos una, dos, diez veces en la vida:
siempre estamos ante una situación que no conocemos.
El amor puede llevarnos al infierno o al paraíso,
pero siempre nos lleva a algún sitio.
Es necesario aceptarlo,
pues es el alimento de nuestra existencia.

A orillas del río Piedra me senté y lloré

El guerrero de la luz cree.
Como tiene la certeza de que su pensamiento
puede cambiarle la vida, su vida empieza a cambiar.
Como está seguro de que va a encontrar el amor,
ese amor aparece.

Manual del guerrero de la luz

Libertad no es la ausencia de compromisos,
sino la capacidad de escoger —y
comprometerme— con lo que es mejor para mí.
Continúo la búsqueda amorosa.

El Zahir

Descubrí que la búsqueda puede
ser tan interesante como el encuentro.
Siempre que se venza al miedo.

Brida

El guerrero de la luz busca
incesantemente el amor de alguien,
aunque ello suponga escuchar muchas veces la palabra "no",
volver a casa derrotado,
sentirse rechazado en cuerpo y alma.

Manual del guerrero de la luz

No sé si el amor surge de repente.
Pero sé que estoy abierta a él.
Preparada para recibirlo.

Brida

Si busco el amor verdadero,
antes tengo que cansarme de los amores
mediocres que encuentre.

Once minutos

Es en el trabajo con entusiasmo
donde está la puerta al paraíso,
el amor que transforma,
la elección que nos lleva hasta Dios.

Columna periodística
Veinte años después

Sólo entendemos la vida y el Universo
cuando encontramos a nuestra Otra Parte.

Brida

Mucha gente no se permite amar;
porque hay muchas cosas,
mucho futuro y mucho pasado en juego.

Veronika decide morir

El amor no limita; amplía nuestros horizontes,
podemos ver claramente lo que está fuera,
y podemos ver más claramente aún
los lugares oscuros de nuestros corazones.

Columna periodística
En la soledad del corazón

Un guerrero de la luz
no se deja asustar cuando busca lo que necesita.
Sin amor, no es nada.

Manual del guerrero de la luz

El mundo se divide entre los agricultores
—que aman la tierra y la cosecha— y los cazadores,
que aman los bosques oscuros y las conquistas.

Las Valkirias

Ama tu camino; sin él, nada tiene sentido.

Columna periodística
Manual para conservar caminos

No existe riesgo en el amor,
y tú aprenderás esto por ti misma.
Hace millares de años
que las personas se buscan y se encuentran.

Brida

Cada momento de búsqueda
es un momento de encuentro.

El Alquimista

Aquellos que dan un nuevo paso
y aún quieren conservar
parte de su vida antigua terminan desgarrados
por su propio pasado.

Columna periodística
Sobre los cambios de valores

El barco está más seguro cuando está en el puerto;
pero no fue para esto para
lo que los barcos fueron construidos.

El Peregrino de Compostela (Diario de un mago)

El guerrero de la luz
sólo arriesga su corazón por algo que vale la pena.

Manual del guerrero de la luz

El arte de convivir

El arte del amor es como una pintura,
requiere técnica, paciencia,
y sobre todo práctica entre la pareja.
Requiere osadía;
es preciso ir más allá de aquello
que la gente convencionalmente llama «hacer el amor».

Once minutos

Cuando un guerrero no es feliz ante la puesta de sol,
algo está mal.
En ese momento, interrumpe el combate
y va en busca de compañía, para asistir juntos al atardecer.
Si le resulta difícil encontrarla, se pregunta a sí mismo:
¿He tenido miedo de acercarme a alguien?
¿He recibido afecto y no me he dado cuenta?

Manual del guerrero de la luz

La fuerza del amor: cuando amamos,
siempre deseamos ser mejores de lo que somos.

El Alquimista

El ser humano ha nacido para amar
y convivir con la persona amada.

El vencedor está solo

Sé que el amor sólo puede vivir en libertad,
pero ¿quién te ha dicho que soy esclava de alguien?
Sólo soy esclava de mi corazón,
y en este caso la carga es ligera y el peso inexistente.

El vencedor está solo

El amor puede ser construido y no simplemente descubierto.

La bruja de Portobello

El que está enamorado hace el amor todo el tiempo,
incluso cuando no lo está haciendo.
Cuando los cuerpos se encuentran,
es simplemente la gota que derrama el vaso.

Once minutos

La pasión nos da señales que nos guían la vida,
y me toca a mí descifrar esas señales.

Once minutos

En el amor, nadie puede machacar a nadie;
cada uno de nosotros es responsable de lo que siente
y no podemos culpar al otro por eso.

Once minutos

Todas las historias de amor tienen mucho en común.
Yo también pasé por esto en algún momento de mi vida.
Pero no me acuerdo.
Sé que el amor volvió, bajo la forma de un nuevo hombre,
de nuevas esperanzas, de nuevos sueños.

A orillas del río Piedra me senté y lloré

Cualquier ser humano es capaz de amar.
¿Cómo aprendiste?
No aprendiste: crees. Crees, por tanto, amas.

La bruja de Portobello

El amor se descubre mediante la práctica de amar.

A orillas del río Piedra me senté y lloré

¡Vamos a hablar de amor!
Vamos a hablar de este amor verdadero
que siempre está creciendo,
moviendo al mundo y haciendo sabio al hombre.

El Peregrino de Compostela (Diario de un mago)

Siempre he pensado que el
que recibe amor da más amor.

La bruja de Portobello

En el amor de una mujer descubrí el amor
por todas las criaturas.

La Quinta Montaña

No existen personas
que no consigan encontrar su Otra Parte.
Todos nosotros, en algún momento de nuestras vidas,
nos cruzamos con ella y la reconocemos.

Brida

Creo que el mundo será más feliz si dos personas,
tan sólo dos personas, son más felices.

El Zahir

Después de la primera decepción,
nunca más se entregó por completo.
Temía el sufrimiento, la pérdida, la inevitable separación.
Estas cosas estaban siempre
presentes en el camino del amor:
y la única manera de evitarlas era renunciando a recorrerlo.
Para no sufrir, era preciso también no amar.

Brida

El amor necesitaba libertad para expresar todo su encanto,
aunque la libertad conlleve riesgos.

Columna periodística
En la soledad del corazón

Hay un reloj escondido en cada uno de nosotros,
y para hacer el amor las manecillas de ambas personas
tienen que marcar la misma hora al mismo tiempo.
Eso no sucede todos los días.
Aquel que ama no depende del acto sexual
para sentirse bien.

Once minutos

El amor no es lo que nos dicen las canciones románticas;
el amor es.

La bruja de Portobello

Era peligroso derramarse porque podemos terminar
inundando zonas donde viven personas queridas,
y ahogarlas con nuestro amor y nuestro entusiasmo.

Veronika decide morir

Lo que importa es dejar en el pasado
los momentos de la vida que ya se han acabado.
Poco a poco empecé a entender que no podía
volver atrás y hacer que las cosas volvieran a ser como eran.

El Zahir

Nadie consigue huir de su corazón.
Por eso es mejor escuchar lo que te dice,
para que jamás venga un golpe que no esperas.

El Alquimista

Los sentimientos deben estar siempre en libertad.
No se debe juzgar el amor futuro por el sufrimiento pasado.

A orillas del río Piedra me senté y lloré

No me arrepiento de los momentos en los que sufrí,
Llevo mis cicatrices como si fueran medallas,
Sé que la libertad tiene un precio alto,
tan alto como el precio de la esclavitud;
La única diferencia es que pagas
con placer y con una sonrisa,
Incluso cuando es una sonrisa manchada de lágrimas.

El Zahir

Saberse capaz de amar ya es bastante.

La bruja de Portobello

En cada momento de nuestras vidas tenemos
un pie en el cuento de hadas y otro en el abismo.

Once minutos

Podemos dejar que la energía del amor circule,
en vez de intentar meterla en un bote
y guardarla en un rincón.

El Zahir

Grandeza

Ten piedad por los que se esclavizan
por el lazo de seda del amor
y se juzgan dueños de alguien,
y sienten celos y se matan con veneno
y se torturan porque no consiguen ver que el
amor cambia con el viento y como todas las cosas.
Pero ten piedad de los que murieron
de miedo de amar y rechazaron el amor en nombre
de un amor mayor que no conocen,
porque no conocen tu ley que dice:
«Es de los niños el Reino de los Cielos.»

El Peregrino de Compostela (Diario de un mago)

Se ama porque se ama.
No hay ninguna razón para amar.

El Alquimista

El Señor nunca abandona a quien ama.

La Quinta Montaña

El amor que mueve el cielo, las estrellas,
los hombres, las flores, los insectos,
y obliga a todos a caminar
por la superficie peligrosa del hielo,
nos llena de alegría y de miedo,
pero le da un sentido a todo.

El Zahir

La esencia de la vida es ésa:
la capacidad de amar
y no el nombre que figura en nuestros pasaportes,
en las tarjetas de presentación,
en las identificaciones.

El vencedor está solo

El amor justifica ciertos actos
que los seres humanos son incapaces de comprender,
a no ser que vivan lo que él ha vivido.

El vencedor está solo

Si mi amor es verdadero,
la libertad vencerá a los celos y el dolor que provocan,
ya que también el dolor es parte de un proceso natural.

Once minutos

El sufrimiento nace cuando esperamos que los demás
nos amen de la manera que imaginamos
y no de la manera con la que el amor debe manifestarse:
libre, sin control, guiándonos con su fuerza,
impidiéndonos parar.

El Zahir

Nadie ofrece en sacrificio
lo más importante que posee:
el amor.

La bruja de Portobello

El amor es una fuerza salvaje.
Cuando intentamos controlarlo, nos destruye.
Cuando intentamos aprisionarlo, nos esclaviza.
Cuando intentamos entenderlo,
nos deja perdidos y confusos.

El Zahir

Quizás el amor nos hace envejecer antes de tiempo,
y nos vuelve jóvenes cuando pasa la juventud.

A orillas del río Piedra me senté y lloré

Cuando el conocimiento masculino
se une con la transformación femenina,
está creada la gran unión mágica,
que se llama Sabiduría.

Brida

Entregarse por completo al amor, ya sea divino o humano,
significa renunciar a todo, incluso al propio bienestar,
o a la propia capacidad de tomar decisiones.
Significa amar en el sentido más profundo de la palabra.

La bruja de Portobello

Cuanto más entiendas de ti misma,
más entenderás del mundo.
Y más próxima estarás de tu Otra Parte.

Brida

No existe pecado además de la falta de amor.
Tener coraje, ser capaces de amar,
aunque el amor parezca una cosa traicionera y terrible.
Alégrense en el amor.
Alégrense en la victoria.
Sigan lo que sus corazones digan.

Las Valkirias

Todos los hombres, todas las mujeres,
están conectados con la energía que muchos llaman amor,
pero que en verdad es la materia prima
con la que se construyó el Universo.
Esta energía no puede ser manipulada;
es ella la que nos conduce suavemente,
es en ella en la que reside todo
nuestro aprendizaje en esta vida.
Si intentamos orientarla hacia lo que queremos,
acabamos desesperados, frustrados, defraudados,
porque ella es libre y salvaje.

El Zahir

El amor es lo que hay más vulnerable
y más importante en la raza humana.

Brida

Ya había sentido el amor otras veces,
pero hasta aquella noche,
el amor también significaba miedo.
Este miedo, por pequeño que fuera,
era siempre un velo
—podía ver a través de él casi todo, menos los colores—.
Y, en aquel momento,
con su Otra Parte enfrente de ella,
entendía que el amor
era una sensación muy unida a los colores,
como si fueran millares de arco
iris superpuestos unos a otros.
Cuántas cosas perdí por miedo a perder.

Brida

Es fácil sufrir por amor a una causa o a una misión:
eso sólo engrandece el corazón del que sufre.

A orillas del río Piedra me senté y lloré

Llegará un día en el que el amor
será aceptado por todos los corazones,
y la más terrible de las experiencias humanas
—la soledad, que es peor que el hambre—
será barrida de la faz de la Tierra.

Las Valkirias

Cuando amamos y creemos desde el fondo
de nuestra alma en algo,
nos sentimos más fuertes que el mundo,
y sentimos una serenidad que nace
de la seguridad de que nada podrá vencer nuestra fe.

El Peregrino de Compostela (Diario de un mago)

En este momento, sólo veo la rosa.
Y le doy las gracias al ángel
que me hizo dos regalos aquella Navidad de 1979:
la capacidad de abrir mi propio corazón
y la persona adecuada para recibirlo.

*Columna periodística
La rosa dorada*

Es necesario correr riesgos.
Sólo entendemos del todo el milagro de la vida
cuando dejamos que suceda lo inesperado.

A orillas del río Piedra me senté y lloré

El coraje es el don más importante
para quien busca el lenguaje del mundo.

El Alquimista

El amor nos da fuerzas para llevar a cabo tareas imposibles.

A orillas del río Piedra me senté y lloré

Cualquier cosa que el hombre
haga puede llevarlo hasta la Sabiduría Suprema,
siempre que trabaje con amor en su corazón.

Brida

Dios es amor, generosidad y perdón;
si creemos en esto,
nunca dejaremos que nuestra flaqueza nos paralice.

Las Valkirias

No sé si el desierto puede ser amado,
pero es el desierto que esconde mi tesoro.

El Alquimista